太极推手十八法

万金良 任海林 主编

河南人民出版社

图书在版编目(CIP)数据

太极推手十八法 / 万金良，任海林主编．— 郑州：河南人民出版社，2023. 5
ISBN 978-7-215-13327-3

Ⅰ. ①太… Ⅱ. ①万… ②任… Ⅲ. ①太极拳-推手（武术）Ⅳ. ①G852.11

中国国家版本馆 CIP 数据核字(2023)第 099700 号

河南人民出版社 出版发行
(地址：郑州市郑东新区祥盛街 27 号 邮政编码：450016 电话：65788060)
新华书店经销　郑州龙洋印务有限公司印刷
开本 710 毫米×1000 毫米 1/16 印张 6.25
字数 85 千字
2023 年 5 月第 1 版 2023 年 5 月第 1 次印刷

定价：18.00 元

本书编审委员会

本书编委会

前 言

制定和完善一项竞技运动的规则,是该项运动健康持续发展的保障;设计标准化的技法训练套路,是规范该项运动训练的基本要求。几十年来,规则的局限和变动使得太极推手比赛缺乏统一标准,并受主观意志影响,太极推手备受争议,因此太极推手的独特魅力无法得到充分展现。

为让太极推手比赛更加顺畅公平、更具有观赏性,我们召集众多太极拳专业老师,就太极推手动作技法与竞赛规则融合发展这一问题进行了商讨。按照便于太极推手项目推广并保持太极拳的原味这一原则,多年来,我们推广技法、培训队员、组织赛事、调整规则、提炼调整技法,并对每一场比赛的数据进行分析统计,研究每场比赛犯规动作对比赛的影响、对技法特点的影响等。经对推手赛事数据的统计、分析、实践验证,我们在原有太极推手竞赛规则的基础上,对动作技法训练方向进行了部分调整,并精炼了太极推手动作技法,希望能够借此助推太极推手运动繁荣发展。

《太极推手十八法》中的动作技法可以让运动员更好地掌握动作要领,也可以让裁判员有一个清晰的判罚尺度,还可以让太极拳十三势技法得到充分展现。习练者可通过对"掤、捋、挤、按"的运用,达到"沾连、粘随"的效果;可通过对"采、挒、肘、靠"的运用,达到"擒、拿、跌、惊弹、掷打”的效果；可通过对“进、退、顾、盼、定”身法、步法的灵活运用，达到“前后左右、上下四旁、转接灵敏、缓急相将、高擎低取、如愿相偿”的效果。

目　录

一、太极推手概论

太极推手是一项文明、高雅的传统武术技击形式，是衡量与检验太极拳习练者知劲、懂劲及技术运用的一种科学方法。自明末清初陈王廷创编太极拳以来，经过数代太极拳拳师的发展与完善，各门派太极推手特点已成百花齐放之势，已把摔、打（弹抖发放）、拿、巧、变、化融为一体。太极推手是“武中的文”，蕴藏着中华优秀传统文化的丰富内涵，是习武者以武会友、交流、切磋、比赛的一种极好的方式。它有助于提高身体素质以及防身，是中华武术宝库中一颗璀璨的明珠。

太极推手不受年龄、性别、器材和场地等因素限制，且习练者一般不易受伤，比较安全，故数百年来，一直广受欢迎。近年来，随着物质生活水平的提高，人们对健身、养生的需求日益高涨，因太极推手采用“掤、捋、挤、按”等手法，有改善人体肌肉承受力、提高肢体敏捷度、延缓身体老化程度等功能，故备受海内外太极拳爱好者青睐。

（一）太极推手的起源

太极拳发源于河南省焦作市温县陈家沟。经过长期的历史考证，2007 年，温县被中国武术协会命名为“中国武术太极拳发源地”，被中国民间文艺家协会命名为“中国太极拳发源地”。

陈家沟古称常阳村。明洪武年间，山西泽州（今山西晋城）籍移民陈卜以及家人迁入常阳村。随着陈氏家族人丁渐盛，加之陈氏家族“善武事、精拳械”，乐善好施，名望日增，常阳村后易名为“陈家沟”。

陈家沟

陈卜熟练掌握祖传 108 式长拳及有关器械，曾在村中设武学社，始开陈氏世代习拳舞械之风。据 1933 年《温县志稿》载：“县东陈家沟之拳术，在明时已著名。”陈氏第九世陈王廷（又名奏庭）（约 1600—1680 年），晚年居家，潜心拳术研究，尤多心得。陈王廷在祖传拳术的基础上，吸纳中医、易学、导引吐纳术等知识，将道家的自然率性、儒家的中庸之道和佛家的济世情怀融入其中,创编了一种以太极之理为主要理念的全新内家拳种。

这些拳、械套路,由无极而至太极,由太极而分阴阳;由无相而生有相,由有相而归无相;由静而生动,动中含静;每招每式皆分阴阳(即虚、实,柔、刚,静、动等),取“太极生万象”之意,后渐称之为太极拳。

陈王廷首创的双人推手、双人粘枪这两项竞技运动,不用护具亦可练习徒手搏击技巧及器械对练技术,现已被诸多武术门派所借鉴,是我国武术史上一项创造性的成就。

(二)太极推手的方法

太极推手也叫搿手或搭手,俗称扳跌、缠手、交手、打轮、画圈、摸劲等。传统太极推手主要有五种方法,分别为挽花、合步、顺步(进一退一)、大捋、花脚步。

挽花:初学太极推手的基本练法,包括单手挽花和双手挽花。

单手挽花:互合同侧单脚,互搭同侧单手,运用“掤、捋”手法、“中定”步法,相互攻守,成螺旋缠丝画圈之势。

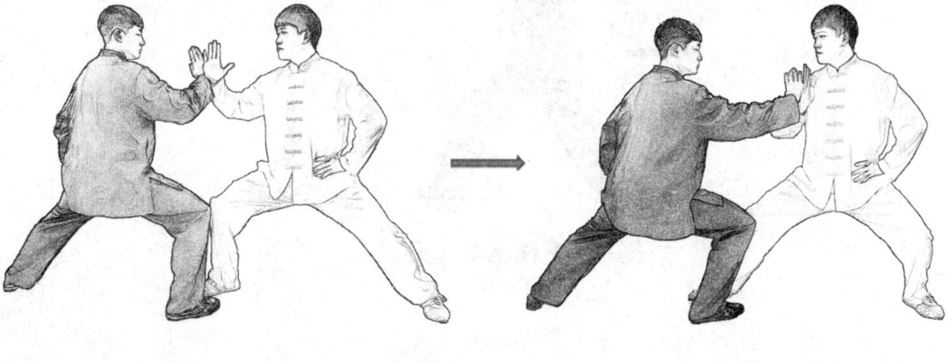

单手挽花

双手挽花：同侧单脚互合，双方左右手互搭，运用“挤、按”手法、“中定”步法，在互为攻守中使身体前侧，成螺旋缠绕双立圆之势。

挽花练习通过对“掤、捋、挤、按”手法、“中定”步法的运用，初达“沾连”之效。

双手挽花之立圆挽花

双手挽花之平圆挽花

合步：在熟悉挽花的基础上，运用“掤、捋、挤、按”手法、“中定”步法，同侧单脚互合，双手相互接手转换，进行缠丝画圆练习，以提升“沾连”之效。

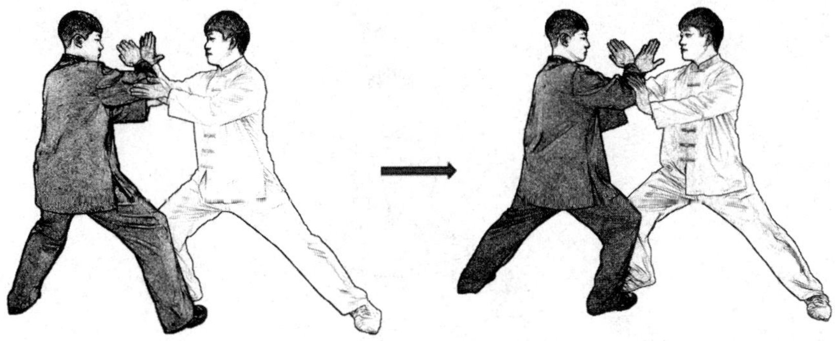

合步

顺步(进一退一):在熟练掌握挽花、合步推手的基础上,增加“一进一退”身法、步法,“粘随”技法的练习。熟练运用“掤、捋、挤、按”手法、“进、退、定”步法,能自然收到“前后左右、上下四旁、转接灵敏、缓急相将、沾连粘随”之效果。

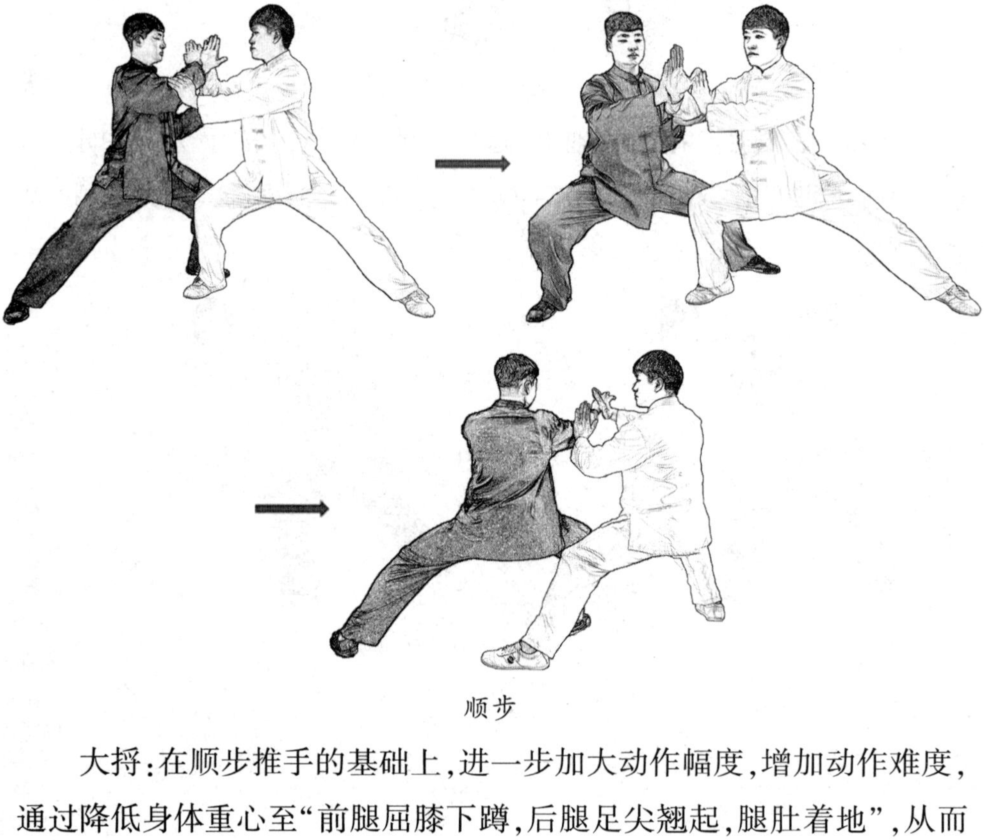

顺步

大捋:在顺步推手的基础上,进一步加大动作幅度,增加动作难度,通过降低身体重心至“前腿屈膝下蹲,后腿足尖翘起,腿肚着地”,从而达到锻炼腿部和腰部力量、稳固身体重心、提高身体素质的功效。

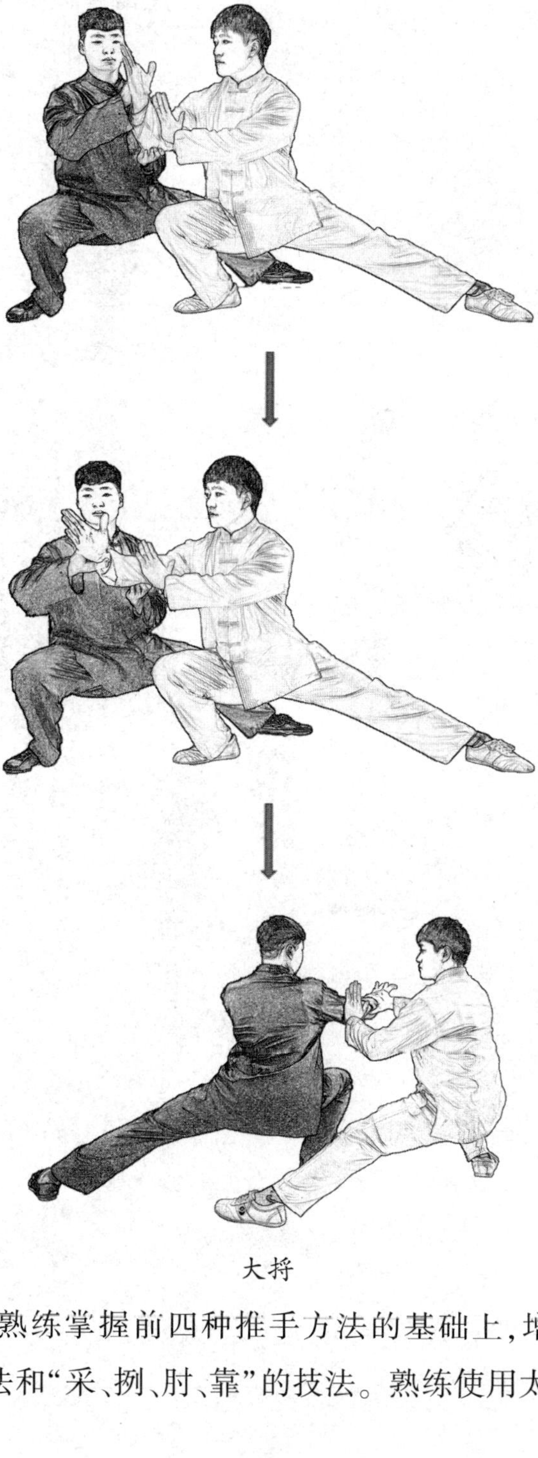

大捋

花脚步：在熟练掌握前四种推手方法的基础上，增加了“左顾右盼”的身法、步法和“采、挒、肘、靠”的技法。熟练使用太极拳十三势技法，兼顾前后左右、上下四旁，达到"转接灵敏、缓急相将、沾连粘随、高擎低取、刚柔并济、跌打摔拿、如愿相偿"之效果。

花脚步

（三）太极推手的发展

新中国成立前，陈王廷创编的五种推手法一直在民间广为流传。

为了满足全民健身的需要，1956年，国家体委组织专家创编了“简化太极拳”，随后以杨式太极推手为主要内容，整理了《太极推手》，并将太极推手分为基本动作、定步推手、活步推手三部分。

基本动作

定步推手

活步推手

随着体育竞技运动的发展，1970年，国家体委为了发掘继承武术的技击属性，决定开展武术的对抗性运动，太极推手被列入其中；1979年，国家体委制定了第一部《太极推手竞赛暂行规则》；1981年，在沈阳举办的第三届全国武术观摩交流大会上，试点单位进行了太极推手表演赛；1982年，一年一度的全国对抗项目比赛（含太极推手）推动竞技太极推手逐步完善。至1989年，全国性的太极推手比赛已累计举办超过17次，同年，太极推手竞赛与散手竞赛分离；1993年，北京体育学院出版社出版了《太极拳推手对练套路》一书；1994年，《武术太极推手竞赛规则》颁布，太极推手被列为全国武术锦标赛项目。

2003年，因特色不明显，国家体育总局暂停了太极推手比赛，但温县等一些地方仍把太极推手作为一个特色项目持续开展。

2013 年,中国武术研究院再次组织专家研讨太极推手规则。2015 年 4 月,国家体育总局武术运动管理中心公布了《武术太极拳推手竞赛规则(试行)》。通过几年实验,太极推手竞赛规则改革依然未能取得突破性发展。

2021 年 5 月以来,温县武术协会在保持太极推手原有特点的基础上,根据太极推手实战发展的需要,对太极推手的内容进行了充实和完善,对太极推手的竞赛规则进行了部分调整,并在温县武馆武校进行探索性试验,以期推手竞赛规则和训练方向更加科学完善,使太极推手运动蓬勃发展。

2022 年,温县太极推手培训班举行开班仪式

二、太极推手技法要领

太极拳打手歌

掤捋挤按须认真，
上下相随人难进。
任他巨力来打我，
牵动四两拨千斤。
引进落空合即出，
沾连粘随不丢顶。

陈王廷铜像

太极推手是中国武术训练体系中近体格斗向离体格斗转换的一个训练过程，是练习听劲、知劲、找劲、懂劲与验证拳架对错的手段，也是检验拳手达到哪个阶段、具备几层功夫的标准。在技法运用中，须贯彻“恃巧不恃力”“沾连粘随”“引进落空”“松活弹抖”“刚柔相济”的原则，方可体现太极推手的魅力所在。

太极推手以太极拳十三势“掤、捋、挤、按、采、挒、肘、靠、进、退、顾、盼、定”为核心，用“掤、捋、挤、按”缠绕之法，成“沾、连、粘、随”之式，达“听、闻、引、化”之要。以探对方重心方位，力的方向、大小、虚实、刚柔、快慢、长短，且顺势随劲，随屈就伸，不丢不顶，无过不及，从而做到知己知彼；进而达到我独知彼，而彼不知我；彼不动，我不动，彼微动，我先动，动急则急应，动缓则缓随。以“采、挒、肘、靠”之技，达“拿、摔、跌、打、发”之本，得机得势，以实击虚，克敌制胜。

太极推手具有较强的对抗性，长期习练对提升体力、耐力、速度、灵敏性、平衡能力都有重要的作用。同时，推手中只采用了跌法中的“管腿、管脚法”，既达到了破坏对方身体平衡之效果，又可避免训练受伤。

（一）太极拳三三原理

太极拳三三原理是指习练太极拳必须经过的三个阶段、三种劲别以及不同阶段相应采取的三种演练方法的科学原理。具体指初学者在招熟阶段以套路为主的明劲的演练方法、懂劲阶段以气催形的暗劲的演练方法和神明阶段灵劲的演练方法三个部分。它科学地概括了太极拳创始以来丰富的实践经验，是太极拳理论宝库中的精华。只有认真遵循三三原理，弄懂三个阶段、三种劲别，并在不同阶段采取相应的训练方法，循序渐进，刻苦琢磨，达到形神兼备的神明阶段，才能真正掌握其玄而又玄、奇妙无比的上乘功夫。

第一阶段为招熟：一阴九阳根头棍，二阴八阳是散手。

“招熟”之门

其义为：习练者要练熟拳套招数，准确掌握太极拳手法、眼法、身法、步法和拳术套路的每一个动作。

第二阶段为懂劲：三阴七阳犹觉硬，四阴六阳类好手。

“懂劲”之门

其义为：习练者通过推手练习，逐渐知己知彼（之劲），知化发之法，懂得驾驭内气在体内运行，并通过运气达到以气催形、形气结合、内外兼修的效果。

第三阶段为神明：唯有五阴并五阳，阴阳无偏称妙手。

“神明”之门

其义为：习练者通过长期的习练，达到有形归无迹、形神兼备、出神入化、浑然天成的自由境界。“一羽不能加，一蝇不能落”“出手不见手，见手不能走”“挨着何处何处击，我也不知玄又玄”均是此境界写照。

至此之境，并无登峰，亦无造极。拳如逆水行舟，不进则退。拳如宇宙广漠，奥妙无穷，欲求无尚，须昼不舍夜，岁不舍日，生不舍年，终身修炼。

拳论讲：“人言此艺别有诀，往往不肯对人表。吾谓此艺甚无奇，自幼难以打到老。打到老来自然悟，豁然一贯神理妙。回头试想懒惰时，不是先知未说到。说到未入我心中，我心反觉多烦恼。天天说来天天忘，有心不用何时晓？有能一日用力寻，阴阳消长自有真。每日细玩太极图,一开一合在吾身。循序渐进功夫长,日久自能闻真香。只要功久能无间,太极随处见圆光。此是拳中真正诀,君试平心细思量。人人各具一太极,但看用功不用功。只要日久能无懈,妙理循环自然通。”

上文阐述的就是太极拳三三原理对演练者在各个阶段相应的演练方法的要求。

(二)太极拳五层功夫

纯阴无阳是软手,纯阳无阴是硬手。
一阴九阳根头棍,二阴八阳是散手。
三阴七阳犹觉硬,四阴六阳类好手。
唯有五阴并五阳,阴阳不偏称妙手。
妙手一着一太极,空空迹化归乌有。

第一层功夫

第一层功夫“一阴九阳”,刚多柔少,适应不了技击。虽有灵活性,但是难以保持平衡,容易失去重心,站不稳,所以说“一阴九阳根头棍”。

学习太极拳要求立身中正,虚领顶劲,松肩沉肘,含胸塌腰,屈膝松胯,达到心气下降,气沉丹田。而初学者不可能一下掌握这些要领,但也应按照逐势的要求进行练习。因此,在这一阶段,对身体各部位的要求不必过于强调。练拳时,从肢体上看,动作僵硬,外刚内空,有猛打、猛冲、猛起、猛落,有断劲、顶劲,但只要坚持每天认真练习,动作质量会不断提高,逐渐引起内气在肢体内的活动,即达到外形引内气的阶段。第一层功夫就是由招熟到逐渐懂劲的过程。

第二层功夫

第二层功夫“二阴八阳”，进攻和走化都是勉强的，往往是先下手为强。此时不会舍已从人，容易出现丢匾顶抗的毛病，一推手就乱，所以说“二阴八阳是散手”。

第二层功夫是要进一步消除练拳时身体内外产生的僵劲、丢劲、顶劲和动作不协调的现象，使内气按照拳架动作的要求有规律地在体内运行，达到一气贯通，内外协调一致。完成第一层功夫，已经能够熟练地按逐势动作初步的要求来练习，有了内气活动的感觉，但还不能控制内气在体内运行。在练拳的过程中，如果感到某一动作有不得势或不得劲之处，就可以依据缠丝劲顺势调整一下腰腿，以求动作协调，这样即可使动作得到纠正。所以，在注意对身体各部位的要求、使之周身相合的同时，掌握缠丝法和缠丝劲的运动规律，是第二层功夫练习过程中解决矛盾的手段和自我纠正的方法。拳论讲：“人人各具一太极，但看用功不用功。”又讲：“只要用功之久，而一旦豁然贯通矣！”达到一气贯通的程度，便会恍然大悟，此时练拳信心倍增，越练兴趣越高，欲罢不能。这就充分说明，练到第二层功夫时，习练者的信心和毅力起着十分重要的作用，切不可灰心丧气，半途而废。

第三层功夫

第三层功夫“三阴七阳”，虽然内气贯通，但比较弱，发出对方时都带着生硬和勉强，所以说“三阴七阳犹觉硬”。

练习太极拳的步骤，即由大圈到中圈，由中圈到小圈，由小圈而无圈。“圈”并非指手脚运行的轨迹，而是指内气疏通。第三层功夫是由大圈而至中圈的阶段。练习太极拳时要着重用意。进入第三层功夫，已经疏通了内气，要求用意不用力，动作轻而不浮，沉而不僵，轻沉兼备,即外柔内刚,柔中寓刚,周身相随,禁忌妄动。但不可只顾想气在体内如何运行而忽视动作,否则,就会神态呆滞,致使气不仅不能畅通,反而会造成气势涣散的病象。所以说“在神不在气,在气则滞”。在第一层和第二层功夫中,练拳时要求自然呼吸。而进入第三层功夫,因动作比较协调,内外基本上合一,一般的动作与呼吸能自然准确地配合,此时就要采用逆腹式呼吸来慢慢进行锻炼。对一些比较细致、复杂、疾速的动作,还需有意识地注意与呼吸的配合,进一步使动作与呼吸协调一致,逐步达到顺其自然。

第四层功夫

第四层功夫“四阴六阳”,内劲已十分充足,交手时,自身稳固,动作幅度不大,所以说“四阴六阳类好手”。

第四层功夫是由中圈而至小圈的阶段。此时功夫已显高深造诣,接近成功,习练者对具体练习的方法、动作要领、逐势的技击含义、内气运行,以及注意事项、呼吸与动作的配合等,都已完全掌握。伸手迈步有临敌之意,一招一式,连绵贯穿,周身相随,承上启下皆有中气收放,气贯周身,练拳时“无人当有人”。但离要求的神明阶段还有一定的距离,习练者到这一阶段后,勤思苦练,指日可成。

第五层功夫

第五层功夫“五阴五阳”,阴阳平衡,刚柔互济,出神入化,所以说“阴阳无偏称妙手。”

第五层功夫是由小圈而至无圈、有形归无迹的阶段。拳论讲:“一气旋转自无停,乾坤正气运鸿蒙。学到有形归无迹,方知玄妙在天工。”练习至此阶段,动作已经非常活顺,内劲十分充足,身体空灵,变化无端,内有虚实变换,外面却看不见。完成第五层功夫,大脑皮质中的兴奋与抑制、肌肉的收缩和放松、肌肉的活动与内脏器官的活动已建立了稳固的协调关系,突然遇敌时,也能随机应变。到了这层功夫,虽已到化境,但还应继续深造,精益求精。科学发展是永无止境的,太极拳的锻炼也是如此,终身习练不可尽其妙也。

三、太极推手基础功法练习

（一）基本动作练习

在熟练掌握太极拳套路的基础上，通过对基本动作的练习，加强腰腿部的力量，以及加强上肢的力量、手掌的抓握力量。

1. 混元桩

两腿开步，略宽于肩。

两脚踏实，重心相等。

两臂抬起，沉肩坠肘。

手心向内，略低于肩。

虚领顶劲，含胸塌腰。

屈膝松胯，立身中正。

（每天 2—3 次，每次 15—30 分钟）

混元桩

2. **弓步桩**

前腿弓,后腿蹬;向斜前方约45度开步,前腿屈膝前弓,大腿接近水平,膝盖不过脚尖,脚掌踏实,五趾抓地;后腿自然蹬直(膝关节微屈),直中求屈,屈而不软;后脚跟踏实,五趾抓地。(每天2—3次,每次5—10分钟)

右弓步桩

左弓步桩

3. **转换桩**

主要训练活腰、转裆。

转换桩通过腰部的左右转换,成左右弓步,同时上臂做出(左、右)上掤下挒动作,通过反复练习此动作,起到增加腰胯部力量、灵活运用转关换裆的作用,便于在比赛中得机得势、顺势发力。(每天1—3组,每组不低于30次)

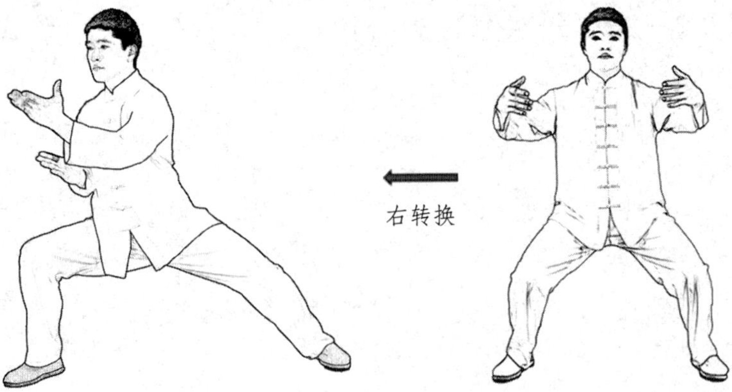

转换桩

4. **扭力棒**

训练方法:手掌握紧扭力棒两侧,双手反方向来回旋拧。(每天 2 组,每组 200 次)

通过旋拧扭力棒,可以锻炼手指、手掌、手腕的力量,增强手掌的抓握力。

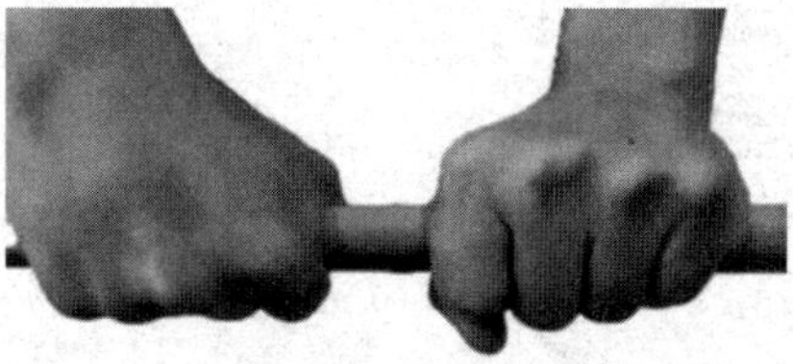

旋拧扭力棒

5. **抖大杆**

(1)下劈上挑

成左前弓步,重心置于两腿之间,右手持杆尾,贴于大腿根处,手臂微屈,左手持杆身,手臂屈臂于胸前,杆头向上,与地面约成 45 度角。左手快速下压,右手上提于腰平,大杆向下劈于腰平,重心随腰胯动作移至前腿。

左手快速上提,右手下按,大杆向左上方斜挑,重心随腰胯移至后腿。

下劈一

下劈二

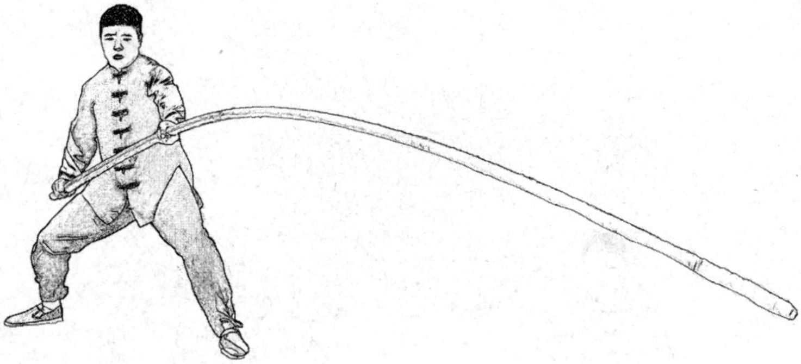

下劈三

上挑一

上挑二

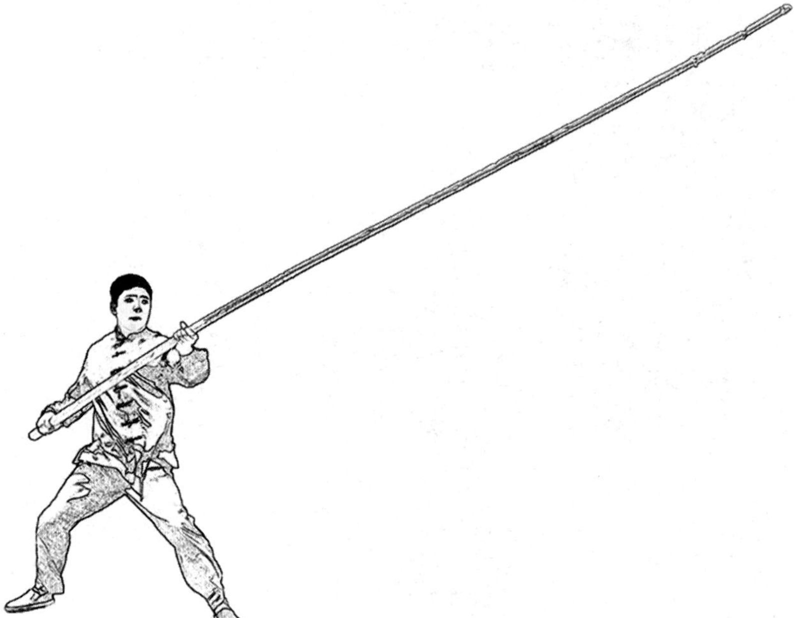

上挑三

（2）前扎后拿

成左前弓步，重心置于两腿之间，右手持杆尾，贴于大腿根处，手臂微屈，左手虚持杆身，左臂屈于胸前，杆头向上，与地面约成 45 度角。

左上臂贴于肋部，左手虚握杆身，右手快速螺旋向前扎，并于左手后，同时右腿向前促步，并于左脚后。

左手虚握杆身，右手快速螺旋下捋至右腿根部，同时右腿迅速后撤，身体从站立位转换成后弓步，重心移至右腿。

前扎一

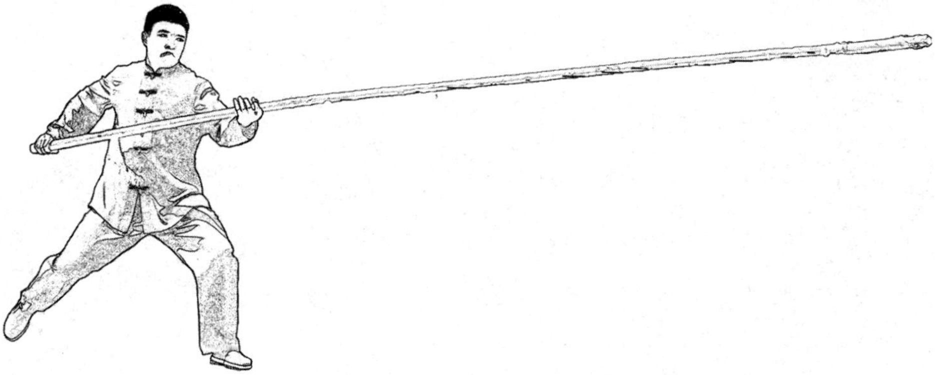

前扎二

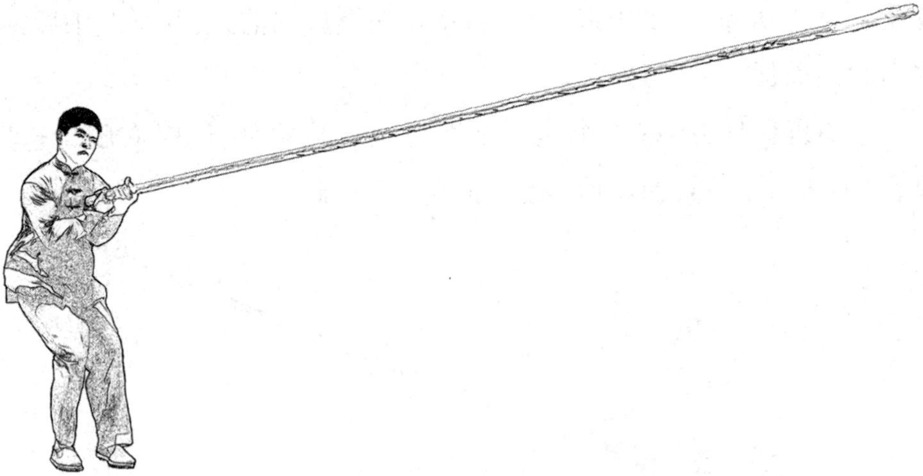

前扎三

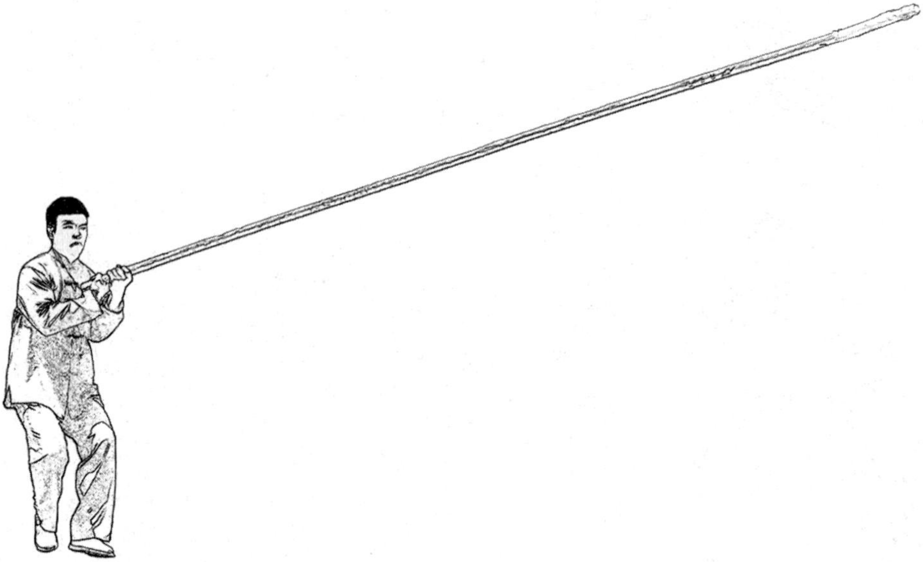

后拿一

后拿二

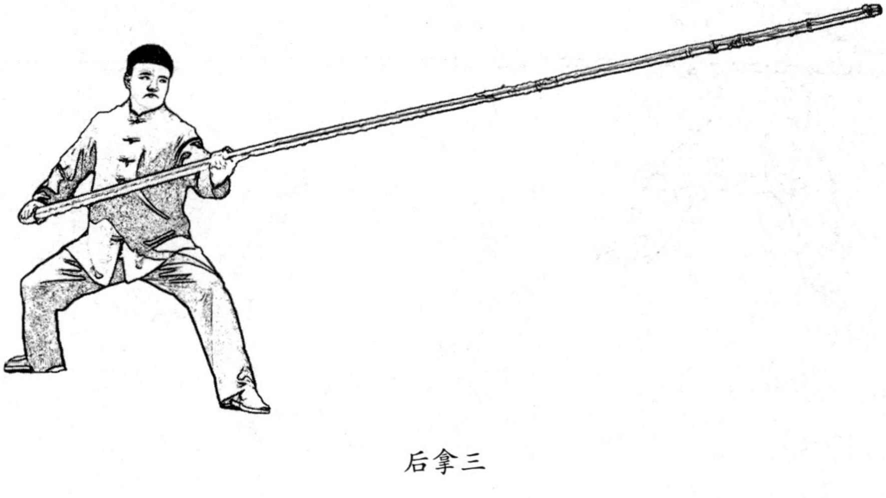

后拿三

(3)中拦平扫

成左前弓步,重心置于两腿之间,右手持杆尾,贴于大腿根处,手臂微屈,左手持杆身,手臂屈臂于胸前,杆头向上,与地面约成45度角。

重心移至右腿,左臂稳固杆身,右手向前轻推杆尾,使杆身平行,左臂快速向右发力，右手向后拉，同时，身腰转换，重心从右腿移至左腿。

右手握杆尾，左手稳固杆身，左臂迅速向左平拉发力，同时右手向右平推，腰身转换，重心从左腿移至右腿。

中拦一

中拦二

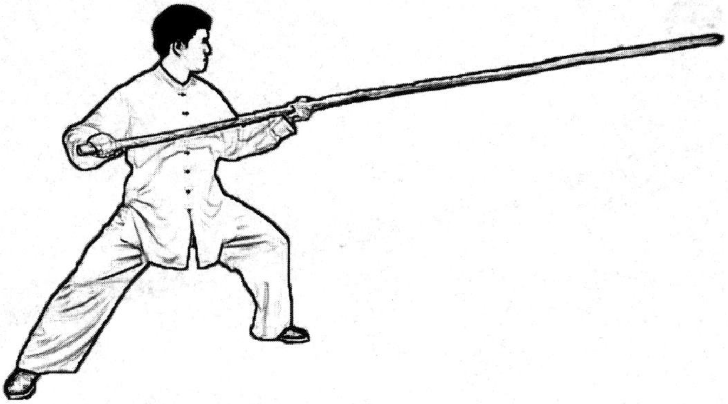

中拦三

平扫一

平扫二

平扫三

6. **辅助力量练习**

辅助习练仰卧起坐、俯卧撑，利用杠铃、握力器等健身器材进行专项力量训练。

（二）体能耐力练习

体能耐力练习主要用于赛前集训，集训周期为1—3个月。它包括：

①辅助训练：跑步、球类运动等。

②多人次推手练习。（反复练习，挑战体能极限）

在训练听劲、耐力的同时，要让队员之间相互学习，提高推手技法。

在进行赛前体能耐力训练时，要循序渐进，逐渐增加运动量。通过一系列的体能、技能训练，将队员的体能储备调整到最佳状态，使其足以支撑正式比赛强对抗的需求，且游刃有余。

（三）推手技法练习

1. 单人单势练习

古人云："拳打万遍，神理自现。""不怕千招会，只怕一招精。"古今名家各有所长，独到之处皆为苦练结晶，这充分体现了单势训练的重要性。

太极推手十八法单势的反复练习，能有效强化太极推手的刚猛之劲和实战技巧，为太极推手竞技打下坚实基础。

单人单势练习

2. 双人太极推手配合练习

"千遍万遍多多练，功到熟时巧自生。"两人相互配合练习太极推手十八法单势技术动作，可以清晰地了解对方劲力走向和运转过程，能有效提高运动员对招式技法使用要领的掌握程度，使习练者学会在动作运用中得机得势、顺势随劲，达到"眼到、心到、手到"的效果。

有矛必有盾，双方过招，不但要懂得进攻，还要懂得防守。在双方配合训练时，不但要配合对方做动作，还要破解对方进攻招式，以及在对方做出动作后保护自己，避免受伤。

双人太极推手配合练习

3. 双人推手实战练习

陈鑫在《陈氏太极拳图说》中认为："两人手交，各怀争胜之心，彼此挤到十分九厘地位，只余一厘。分胜负全在此一厘地位。彼先占据，我即失败；我先占据，彼亦失败。盖得势不得势，全系于此。""平素打拳，全在一起一转。所谓得势争来脉，出奇在转关。……来脉真机势得，转关自然灵动。能如此，他日与人交手，自能身先立于不败之地。"双人推手必成激烈怼顶之势，与人推手、怼顶，听出对方劲力，顺势随劲，转接灵敏，可将对方击倒。

如何熟练运用太极推手十八法的各个技术动作？可根据比赛规则，严格按照每个技术动作的要领进行训练，在实战中提升自己的实力和精神集中力，学习对方技法运用的优点，改进自己的技法技巧，练习不同动作之间的相互衔接，用多个组合技法制服对方。

新编的太极推手竞赛规则，主要以太极推手十八法的技法动作特点来进行裁定，故在比赛中要合理地运用规则，使用标准的推手技法，做出清晰的动作。

双手推手实战练习

四、太极推手十八法[1]

(一)高擎低取

技法要领:

手法、身法:与对方成右搭手式(图1),选择时机,左右手握控对方左右上臂(图2),进步上掤(图3)。对方顶劲来(图4),前步后撤,顺势迅疾下采(图5),将对方采倒在地(图6)。

步法:前弓步、上步、下撤步。

图1

图2

① 该部分图片演示中,着白衣者为己方,着黑衣者为对方。

图 3

图 4

图 5

图 6

防护及破解要领:

①在训练中加强前滚翻的练习,避免头部、面部、颈部受伤。

②双方相持时,给对方以左或右偏劲,使对方重心不稳,无法合劲;劲力不如对方时,不前栽重心,不给对方横裆。稳定重心,左或右横击对方小臂,从而化解对方劲力。

(二)顺手牵羊

技法要领:

手法、身法:与对方成右搭手式(图 7),选择时机,右手控制对方右上臂内侧，左手控制对方右前臂（图 8），顺势撤步，将对方捋向自己身体右后方（图 9），转身促步双掌推击对方躯干（图 10），使对方倒地或出界（图 11）。

步法：前弓步转换为下撤步及上促步。

图 7

图 8

图 9

图 10

图 11

防护及破解要领：

①灵活调整身法、步法，避免倒地时受伤。

②对方控制己方右臂时，己方双手握控对方右臂，右前臂插入对方左腋下。

③己方重心下沉，脚步紧跟对方，并插入对方裆内，挤动对方身体重心，把对方的右带劲力反射到对方身体，从而化解对方劲力。

（三）小擒拿

技法要领：

手法、身法：与对方成右搭手式（图 12），选择时机，左手紧握对方右手腕，右手抓握对方右手掌（图 13），同时后腿向后撤半步（图 14），向下快速内采（图 15），使对方失重向前跌倒（图 16、图 17）。

步法：弓步转下撤步。

图 12

图 13

图 14

图 15

图 16

图 17

防护及破解要领：

①灵活调整身法、步法，顺势倒地，避免受伤。

②当对方双手抓握己方右手时，己方右手掌紧绷用劲，缠丝螺旋内

转,左手抓握对方右肘部向前挤推;同时,上前促步,推挤对方身体或向前弹抖对方,使对方失重,从而化解对方劲力。

(四)埋头扫雪

技法要领:

手法、身法:与对方成右搭手式(图 18、图 19),选择时机,调整步法,右腿放入对方裆内、左腿内侧,左手控制对方左手腕,右手控制对方左肘部(图 20、图 21),向左转身成左横弓步,同时右腿后弹扫对方左腿,双手向左前方发力螺旋下采(图 22、图 23),使对方失重倒地(图 24、图 25)。

步法:右弓步转左弓步。

图 18(正面)

图 19(背面)

图 20(正面)

图 21(背面)

图 22(正面)

图 23(背面)

图 24(正面)

图 25(背面)

防护及破解要领：

①灵活调整身法、步法，避免倒地时受伤。

②对方上步下捋己方时，己方及时调整身体重心，右弓步转换左弓步，重心转换至左腿，并稳定身体；同时，双手臂顺势向左后挤按对方，使对方不能牵动己方重心，并顺势随劲用小鬼推磨将对方击倒。

（五）倒挂金钩

技法要领：

手法、身法：与对方成右搭手式（图 26），选择时机，左手控制对方左手腕，右手托控对方左肘并向左前发力按压，使对方手臂贴近躯干，同时抬右腿放于对方右腿后（图 27、图 28），弹扫对方右重心腿，上下相合（图 29），使对方失重倒地（图 30）。

步法：前弓步转弹扫腿。

图 26

图 27

图 28

图 29

图 30

防护及破解要领：

①灵活调整身法、步法，避免倒地时受伤。

②对方右腿迈向己方右腿后，己方右脚五趾抓地，重心稳定在右腿；同时，双手向左使偏劲，形成上下相合之势，使对方失重倒地。

(六)小鬼推磨

技法要领:

手法、身法:与对方成右搭手式(图 31),选择时机,左手控制对方左手腕,右手控制对方左肘部,使对方左手臂贴于躯干,同时上左腿于对方右腿后,控制对方右腿后撤(图 32、图 33),双手向左前方发力下采(图 34),形成上下相合之劲(图 35),使对方失重倒地(图 36)。

步法:右弓步转左横弓步。

图 31

图 32

图 33

图 34

图 35

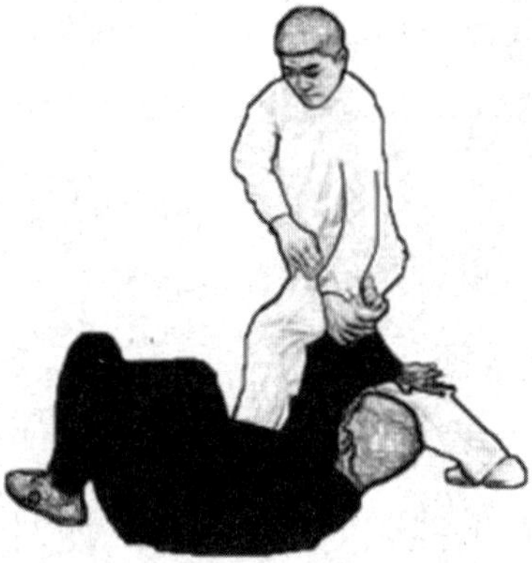

图 36

防护及破解要领：

①灵活调整身法、步法，避免倒地时受伤。

②对方上左步于己方右腿时，己方稳定身体，使重心下沉；同时，双手握控对方右手臂，向左旋转身体，下捋对方，或双手握控对方左臂，向上领对方重心；同时，提右脚摆脱对方左腿管控，使对方上下相合之劲落空，化解对方劲力。

（七）螺旋挒

技法要领：

手法、身法：与对方成右搭手式，选择时机，右手插入对方左腋下，上掤，左手控制对方右臂或右腋下，形成上掤合力（图 37、图 38），上左弓步，对方顶劲来（图 39、图 40），顺势右手臂螺旋向下挒带，同时左手向右下按（图 41、图 42），并转换身法，成右弓步，挒击对方，使其倒地（图 43）。

步法：右前弓步转左前弓步，再转换为右弓步。

图 37(正面)

图 38(背面)

图 39(正面)

图 40(背面)

图 41

图 42

图 43

防护及破解要领：

①倒地者下颌内收，头部肌肉紧绷，避免头部着地受伤。

②己方握控对方右手臂，推离身体，同时上左步于对方右腿后，成左横弓步，右手臂与左腿形成合劲，使对方失重、调整步法，从而化解对方捌劲。

（八）闪通背

技法要领：

手法、身法：与对方成右搭手式（图 44），选择时机，右手臂插入对方左腋下，左手控制对方右上臂（图 45），运用上挪劲并惊弹对方（图 46），右腿调整至对方右腿前，左腿至对方左腿前，双臂和臀部形成合力控制对方身体，使对方身体重心上浮（图 47），旋转腰身及双臂（图 48），把对方从背后摔倒于身前（图 49）。

步法：弓步转换为马步。

图 44

图 45

图 46

图 47

图 48

图 49

防护及破解要领：

①倒地者下颌内收，头颈肌肉紧绷，避免头部着地受伤。

②对方闪通背成式，己方重心下坠，上肢放松，使对方不能牵动己方身体重心，从而化解闪通背。

（九）全炮捶

技法要领：

手法、身法：与对方成右搭手式（图 50、图 51），选择时机，左手控制对方右手腕，下按（图 52、图 53），同时右臂环绕控制对方右上臂，上右步绊控对方后腿，右腿和双臂上下相合（图 54、图 55），将对方捌倒（图 56、图 57）。

步法：右弓步。

图 50（正面）

图 51（背面）

图 52(正面)

图 53(背面)

图 54(正面)

图 55(背面)

图 56(正面)

图 57(背面)

防护及破解要领：

①倒地者头颈部肌肉紧绷，下颌内收，避免头部着地受伤。

②尽量不使对方右大臂缠控己方右臂及身体,并稳定右重心腿;右臂直臂插入对方左腋下,并向左使螺旋偏劲,使对方重心不稳、劲不能合;及时调整脚步,跳过对方右腿别绊,从而化解对方劲力。

(十)黄龙三搅水

黄龙三搅水之一:上右捋、右勾脚

技法要领:

手法、身法:与对方成右搭手式(图 58),选择时机,右手控制对方右手腕,左手控制对方右肘部(图 59),向右下弹捋对方右手臂,牵引对方重心(图 60),同时右脚迎面向左勾挂对方右脚(图 61),上下相合发力,使对方失重倒地(图 62)。

步法:弓步转换为勾扫。

图 58

图 59

图 60

图 61

图 62

防护及破解要领：

①灵活调整身法、步法，避免倒地时受伤。

②当对方双手控制己方右手臂，下捋，同时勾己方右脚时，己方右手臂曲肘下沉，身体重心稳定在右腿，使对方勾扫不动己方右脚。同时，向前挤推对方身体，动摇对方身体重心，从而化解对方劲力。

黄龙三搅水之二：上左采、左勾脚

技法要领：

手法、身法：与对方成右搭手式（图 63），选择时机，左手控制对方左手腕,右手控制对方左肘部(图 64),向左下采对方左手臂,同时上左脚向右勾扫对方前重心脚(图 65、图 66),使对方失重倒地(图 67)。

步法:弓步转换为勾脚。

图 63

图 64

图 65

图 66

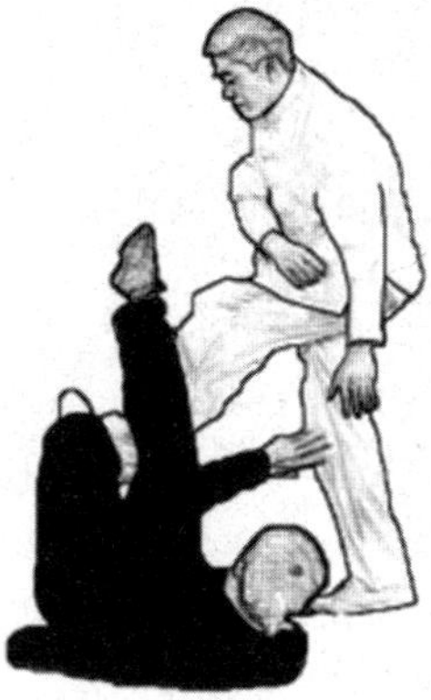

图 67

防护及破解要领：

①灵活调整身法、步法，避免倒地时受伤。

②当对方双手控制己方左手臂时，己方左手臂曲肘下沉，双手下按对方左手臂，身体重心稳定在右腿，使对方勾不动己方右腿，并前挤对方身体，推动对方重心，从而化解对方劲力。

黄龙三搅水之三：勾绊膝关节

技法要领：

手法、身法：与对方成右搭手式（图 68），选择时机，右手控制对方右手腕，左手控制对方右肘部（图 69），向右前快速采挒（图 70），同时向前垫步，右脚勾挂对方左腿膝关节内侧（图 71、图 72），上下相合，使对方向右前方倒地（图 73）。

步法：弓步、上步勾腿。

图 68

图 69

图 70

图 71

图 72

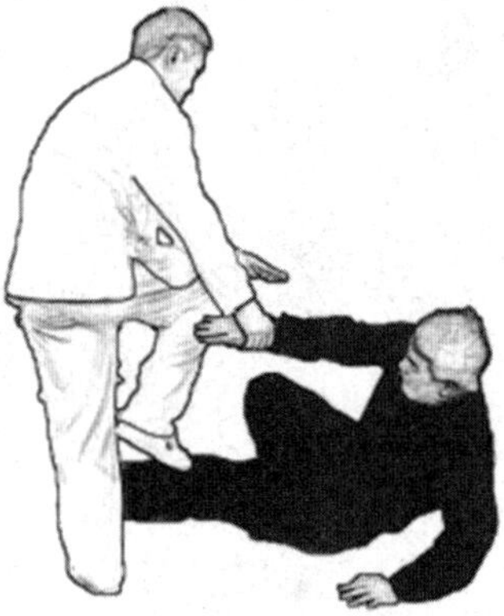

图 73

防护及破解要领：

①灵活调整身法、步法，避免倒地时受伤。

②当对方双手控制己方右手臂，同时勾挂己方左腿膝窝时，己方左手抓握对方右肘部，右手抓握对方右手；同时，向右上螺旋捋领对方右臂，左腿膝关节绷直、不软不弯，从而化解对方劲力。

（十一）野马分鬃

技法要领：

手法、身法：与对方成右搭手式（图 74、图 75），选择时机，右手控制对方右手腕，左手控制对方右肘部，向右上方惊弹上捋，使对方重心上浮（图 76、图 77），同时上步控制对方双腿，右前臂与躯干、前腿成上下相合，挟持对方躯干（图 78、图 79），左手、右臂同时向右下方按压对方身体，使对方失重倒地（图 80、图 81）。

步法：右弓步、前促步。

图 74（正面）

图 75（背面）

图 76(正面)

图 77(背面)

图 78(正面)

图 79(背面)

图 80(正面)

图 81(背面)

防护及破解要领：

①灵活调整身法、步法，避免倒地时受伤。

②当对方上捋己方右臂时，己方曲肘下沉，收拢手臂，使对方不能挟持己方身体；重心稳定下坠在右腿，使对方不能牵动己方身体重心，从而化解对方劲力。

（十二）伏虎势

技法要领：

手法、身法：与对方成右搭手式（图 82、图 83），对方左臂插入己方右腋下时（图 84、图 85），选择时机，右腿插入对方裆内，向后弹扫对方左腿，左腿向左后撤半步，同时右手按握对方左肩或臂部，向下快速按压（图 86、图 87），使对方失重倒地（图 88、图 89）。

步法：马步调整为前后弓步、后弹扫腿。

图 82（正面）

图 83（背面）

图 84(正面)

图 85(背面)

图 86(正面)

图 87(背面)

图 88(正面)

图 89(背面)

防护及破解要领：

①灵活调整身法、步法，避免倒地时受伤。

②当对方向前按压己方身体时，己方左臂前掤，躯干贴紧对方身体并向左前挤压；同时，左腿向左前上步，重心向左腿转换，挤按对方身体，使对方重心动摇、向后移动，从而化解对方劲力。

（十三）金鸡独立

技法要领：

手法、身法：与对方成右搭手式（图 90），选择时机，右臂插入对方左腋下，左手臂控制对方右手臂（图 91），右腿插入对方裆内，贴紧对方左大腿内侧（图 92），将对方挑起（图 93），向左侧翻压对方身体（图 94），使对方向左前方倒地（图 95）。

步法：右弓步调整为促步、挑腿。

图 90

图 91

图 92

图 93

图 94

图 95

防护及破解要领：

①灵活调整身法、步法，避免倒地时受伤。

②当对方手臂插入己方腋下并右腿上步挑动己方左腿时，己方左手抓握对方右肘部，并用双手向外推挤对方身体，身体重心下坠，使对方手臂不能控制己方身体，从而化解对方劲力。

(十四)撇身捶

技法要领:

手法、身法:与对方成右搭手式(图 96),当对方右臂插入己方左腋下时(图 97),选择时机,己方用左手及手臂控制对方右手臂(图 98),调整步法,右腿进入对方裆部,左腿后撤半步成左弓步,右手臂别挂对方右腿窝(图 99),同时转身向左后方别靠(图 100),使对方失重倒地(图 101)。

步法:横弓步转顺弓步。

图 96

图 97

图 98

图 99

图 100

图 101

防护及破解要领：

①灵活调整身法、步法，避免倒地时受伤。

②当对方抓控己方右手臂、右手别挂己方右腿窝时，己方左手按压对方右胯，右手向左使偏劲，左腿向左前方迈一步，转换成左弓步，同时右腿绷紧，不弯不曲，破解对方劲力。

（十五）海底翻花

海底翻花之一

技法要领：

手法、步法：与对方成右搭手式（图 102、图 103），选择时机，右腿前弓步，双手控制对方双手臂，右手在前，握控对方左上臂，左手扶托对方右前臂（图 104、图 105），双手向左前方形成上掤劲（图 106），对方劲来，己方右手向右螺旋下捌，左手配合右手向右前按压，同时右膝摆磕对方右膝（图 107、图 108），使对方失重倒地（图 109、图 110）。

图 102(正面)

图 103(背面)

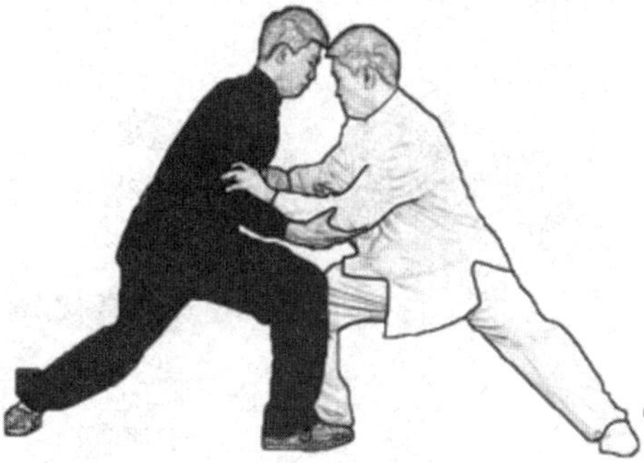

图 104(正面)

图 105(背面)

图 106

图 107(正面)

图 108(背面)

图 109(正面)

图 110(背面)

防护及破解要领：

①灵活调整身法、步法，避免倒地时受伤。

②己方稳定右前重心腿，不被对方磕动；右手握控对方左上臂，并向左使螺旋偏劲，牵动对方重心；左手向外螺旋化拨对方右臂，使对方右臂无法牵动己方身体重心，从而化解对方劲力。

海底翻花之二

技法要领：

手法、身法：与对方成右搭手式(图 111、图 112)，选择时机，右手臂插入对方左腋下，左手握控对方右手臂(图 113、图 114)，上左步，同时右膝向左上方挑对方右腿(图 115、图 116)，双手臂向右下螺旋下捌

(图 117、图 118),使对方向右倒地(图 119、图 120)。

步法:右前弓步转上步、马步。

图 111(正面)

图 112(背面)

图 113(正面)

图 114(背面)

图 115(正面)

图 116(背面)

图 117(正面)

图 118(背面)

图 119(正面)

图 120(背面)

防护及破解要领:

①灵活调整身法、步法,避免倒地时受伤。

②己方稳定右前重心腿,右臂插入对方左腋下,向左给偏劲,并上左步成左弓步,和右臂成上下合劲,牵动对方身体重心,使对方右腿无法进入己方裆部,从而化解对方劲力。

(十六)当头炮

技法要领:

手法、身法:与对方成右搭手式(图 121),选择时机,左手握控对方右前臂,右手缠控对方右上臂(图 122),上右脚于对方右脚后,别或挂对方右脚(图 123),同时双手臂向前发力弹抖对方身体,形成上下相合之力(图 124),使对方失重倒地(图 125)。

步法:右弓步、促步。

图 121

图 122

图 123

图 124

图 125

防护及破解要领：

①灵活调整身法、步法，避免倒地时受伤。

②当对方缠控己方右上臂时，己方曲肘下沉，左手抓握对方右肘部，身体重心下坠，稳定在右腿，右手向左挪起，动摇对方重心，使对方劲力上下不能相合，从而化解对方劲力。

（十七）迎门肘

技法要领：

手法、身法：与对方成右搭手式（图 126），选择时机，右手沾搭于对方左肩，左手控制对方右手臂（图 127），两手臂合力前挪，对方顶劲来，己方顺势惊弹下带（图 128），对方劲后撤，己方上促步迎门肘击对方（图 129），使对方出界或倒地（图 130、图 131）。

步法：右前弓步、前促步。

图 126

图 127

图 128

图 129

图 130

图 131

防护及破解要领：

①倒地者身体肌肉紧绷，下颌内收，头向前抬，以防止头部着地受伤。

②己方握控对方前手臂，使对方手臂不能放在己方肩部。

③对方手臂已放己方肩部时，在对方发力前，己方右手向左横击对方右手臂，使对方右臂脱离己方左肩。

（十八）迎门靠

技法要领：

手法、身法：与对方成右搭手式，选择时机，右臂插入对方左腋下，向左上掤，左手控制对方右臂，左手和右臂形成上掤合力，对方顶劲来，右前臂顺势惊弹右带（图 132、图 133），对方劲力后撤或重心上浮时，顺势迎门靠击对方（图 134、图 135），使对方出界或倒地（图 136、图 137）。

步法：弓步、马步、前促步。

图 132（正面）

图 133（背面）

图 134(正面)

图 135(背面)

图 136(正面)

图 137(背面)

防护及破解要领:

①倒地者身体肌肉紧绷,下颌内收,头向前抬,以防止头部着地受伤。

②防守时,己方下沉重心,右手向左上掤,使对方重心不稳,合不住劲。对方惊弹抖劲时,稳定重心,不能给对方横裆,稳定右弓步,从而缓解对方肩靠威力。

五、太极推手十八法表演短套路

(一)搭手式

右腿在前,左腿在后,成右弓步;右手在前,左手在后,双手置于身前,外掤撑圆,目视前方。

要点:前后左右,上下四旁,转接灵敏,缓急相将。

(二)当头炮

①身体微沉,重心转换,后坐于左腿;双手变拳,右拳顺缠,左拳逆缠,下旋画弧,蓄于腹前,犹如猛虎扑前之势,目视前方。

②拳势不停,左脚猛蹬;左腿发力,催动身体,右步前促,左步紧跟,前促半步;力催双肩,劲贯双拳,双拳向前,全身整劲,弹抖猛冲,如虎扑食,重心转前,成右弓步,目视前方。

要点:发于腿脚,胸腰转换,催于肩肘,劲贯双拳,身形似弓,劲力似弦,双拳如箭。

(三)迎门肘

①拳势不停,身体微沉,重心转换,后坐于左腿;双拳变掌,左掌顺缠,向下微沉;右掌逆缠,立肘后拉,蓄于右肋,犹如猛虎扑前之势,目视前方。

②左脚猛蹬,左腿发力,右步前促,左步紧跟,前促半步;力催右肩,劲贯右肘,立肘向前,全身整劲,弹抖猛冲,如虎扑食,重心移前,成右弓步,目视前方。

要点:发于腿脚,胸腰转换,力催于肩,劲贯右肘,身形似弓,劲力如弦,肘击如箭。

(四)全炮捶

①重心置于右腿,左腿提起,前迈半步。

②落左脚后,右腿向右斜插,转45度;双手双臂,顺缠画弧,蓄于胸前,目视右前。

③迅速转换,成右前弓步;双手双臂,向右弹抖,手臂外摆,右腿里合,手脚相合,上下相随,目视右前。

要点:前后左右,转接灵敏,上下相随,手脚齐到。

(五)小鬼推磨

①重心置于右腿,左腿向左斜插一步。

②身体向左转 90 度,成左弓步;左手逆缠,画弧下按;右手逆缠,向左画弧,发力下按;左腿里合,左腿右手上下相随,手脚齐到,里外相合,目视左前。

要点:左顾右盼,灵敏转关。

(六)螺旋挒

①身腰微沉,右臂顺缠,画圆上掤;左手微按,右上左下,两手相合,目视左前。

②身腰右旋,向右迅速转 90 度,重心移右,成右弓步;双臂随腰,右手右臂顺缠下带,左臂左手顺缠下按,从左至右,快速螺旋,眼随身动,目视右方。

要点:掤左闪右,指东打西,或收或放,忽弛忽张,错综变化,欲抑先扬。

(七)黄龙搅水

①右腿承重,身体向左转 45 度;左脚内扣,双手相合,逆缠上掤,目视前方。

②左腿扣脚，迅速上勾，由左而右，由下而上；两手两臂，与脚相合，由右而左，由上而下，迅即下采，眼随身动，目视左下。

要点：手脚齐到，上下相合。

（八）海底翻花

①左脚落地，左腿承重，右腿迅速上前一步，重心转换，成右弓步；双手画弧，右前左后，向右上挪，目视右前。

②拳势不停，右膝向左迅速弹摆，同时两手左右顺缠，螺旋下捋；右手画弧，由上而下，左手画弧，由下而上，眼随身动，目视右下。

要点：左扬右抑，声东击西，转接灵敏，缓急相将。

(九)倒挂金钩

①重心后移，左腿承重，身体向左转 90 度；右腿向左平迈一步，双手由右逆缠上捌，目视前方。

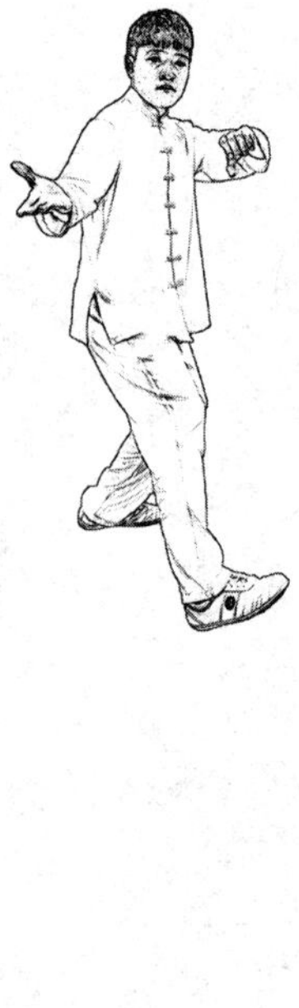

②右腿向后，促步弹扫，两手同时向下挒采，目视右前。

要点：左顾右盼，上行下打，左右威宣。

（十）撇身捶

①重心右移，左腿向左平开一步。

②身体向左转90度，身体重心迅即左移，成左弓步；左手内扣，随身左转，向左拉动，右肩螺旋，向左靠击；右手逆缠，从上下翻，身体右侧向后挂弹，目视前方。

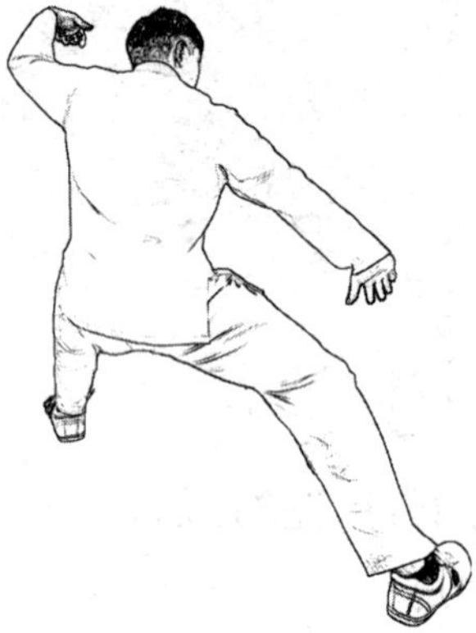

要点：顺势随劲，迎送相当，转接灵敏，如愿相偿。

（十一）迎门靠

①左腿承重，身体向右转90度；左手随身，向右转动，立掌于身左；右手随身，从左至右顺缠画圆，落于身后；劲蓄左腿，如虎蓄势，蓄势待发，目视前方。

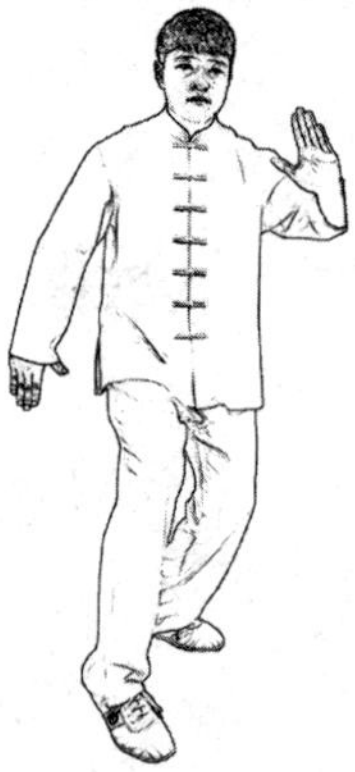

②拳势不停,左脚蹬腿,右脚前促,重心前移,身体前催,右肩迅即向前靠击;发于腿脚,转于腰身,劲贯于肩,迎门靠击,目视前方。

要点:势如猛虎,扑击下山,觉如巨风,催倒跌翻。

(十二)收势

①左步跟进,两脚平行,与肩同宽,双手下分。

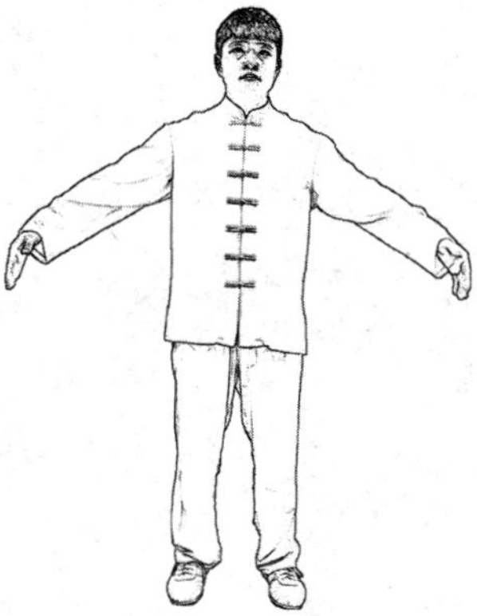

②左手顺缠，身左画圆，右手逆缠，身右画圆；双手相合，收于丹田，目视前方。

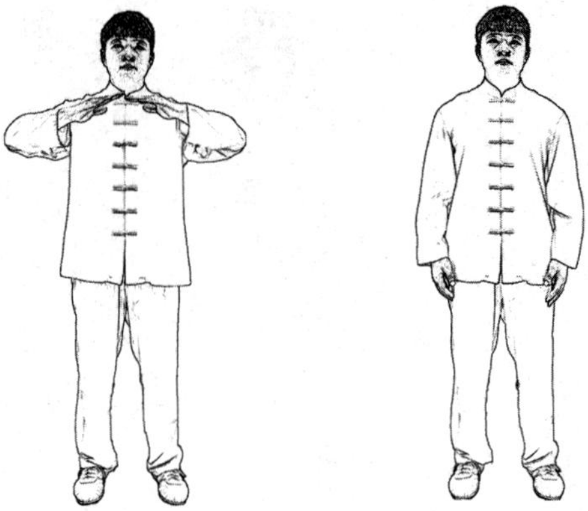

要点：虚领顶劲，沉肩坠肘，含胸塌腰，屈膝松胯，气沉丹田。

六、太极推手五种劲法

（一）听劲、懂劲

听劲，是太极拳推手中的专用术语。听劲，首先要通过眼睛观察对方的精气神及肢体的运行，再经双方肢体接触，通过运用“掤、捋、挤、按”的技法、“进、退、顾、盼、定”的步法，达到“沾连、粘随”的效果，察觉感知对方重心、方位和劲力的大小、轻重缓急、虚实变化。听劲是千变万化的，全凭肌肤的神经末梢来感知判断，实非易练之功。通过听劲而知对方重心之变化，知对方劲力之方向、大小、轻重、缓急，此为知彼劲。

勤于练习拳法及推手技法，且能把握时机，灵活采用“进、退、顾、盼、定”的步法，运用“掤、捋、挤、按”的技法将对方劲力化解，并顺势随劲，采用“采、挒、肘、靠”的技法将对方发放、击倒，此为知己劲。

懂劲建立在听劲的基础上，能听出彼劲，并知己劲，才能懂劲。

懂劲，是太极拳推手中必须弄懂的关键问题。懂劲，就是在运动中能够辨别出对方劲力的虚实、刚柔、快慢、长短、缓急、方向、曲直、大小、落点以及可能产生的变化，并且能够把握好节奏、时机，使“引、化、拿、发”恰到好处，克敌制胜。

勤于推手练习，才能具备听劲、知劲、懂劲的能力，做到人不知我，我独知人。只有经过相当一段时间的勤学苦练和细心揣摩，并有名师给予指点，才能逐步悟到懂劲。

懂劲也是对推手及练拳的方位、角度及功夫好坏的检验，“前进、后退、左顾、右盼、中定”的身法、步法，及“掤、捋、挤、按、采、挒、肘、靠”八种技法和劲别，能否在推手中运用自如，在推手中能否做到“沾连、粘随”，搭手便知。所以说，招式是方法、途径，太极十三势是手段。通过这些方法、途径及手段，目的是归结到“抓、拿、摔、化、打（弹抖发放）”兼施并用。

（二）沾连、粘随劲

沾连、粘随劲是太极拳推手中最基本的劲别。其劲的运用为双手臂通过“掤、捋、挤、按”的手法，“主动接触、主动连接”对方，同时主动采用“前进、后退、左顾、右盼、中定”的身法、步法。

沾连劲是在推手中运用“掤、捋、挤、按”的手法，使双方肢体有效连接的一种劲。此种劲力“不丢不顶”“连绵不脱”“如胶似漆”，沾连住对方，使其不能逃脱，有主进之意。

粘随劲是在推手中通过“进、退、顾、盼、定”的身法、步法调整，达到主动撵逼进取、主动随劲化解之意的一种劲。

“沾连、粘随”是以沾连为主导的，只有“沾连”住对方，使对方无法滑脱走化，才能有效地“粘随”，才能顺势随劲，进退自如，不丢不顶，引进落空，化解对方劲力，使对方不由自主地随我进退，陷入被动。

（三）缠丝、引化劲

陈鑫《陈氏太极拳图说》："太极拳缠丝法也，进缠、退缠、左右缠、上下缠、里外缠、大小缠、顺逆缠。而要莫非即引即缠，即进即缠，不能各是各着。若各是各着，非阴阳互为其根也。世人不知，皆目为软手，是一外面视之，皆迹象也。若以神韵论之，交手之际，刚柔并用，适得其中，非久于其道者，不能澈其底蕴。两肩亸下，两肘沉下，秀若处女见人，肆若猛虎下山。手即权衡，称物而知其轻重。打拳之道，吾心中自有权衡。因他之进退缓急，而以吾素练之精神临之，是无形之权衡也。以无形之权衡，权有形之迹象，宜轻宜重，而以两手斟酌，适得其当，斯为妙手。"

推手中缠丝劲的运用：画圆弧、前后圆弧、左右圆弧、上下圆弧，其顺序为画弧度、画圆圈、螺旋缠丝、画圆圈、画弧度。

太极拳缠丝法七言：动则生阳静生阴，一动一静互为根。果然识得环中趣，辗转随意见天真。

"引进落空合击出"，这是讲如何在推手中将彼劲引化至落空而发挥不出威力的境地，而我在引化过程中劲已合好，得机得势，蓄势待发，随时可以从合适的角度、方位恰到好处地将对方弹抖、发放出去。

引，即牵引之意也，是引动彼劲，有意诱敌深入。引劲实为引化劲，无引则不能化，不化则无所谓引。所以，引与化是相辅相成的，都是建立在"沾、连、粘、随"的基础上，将对方的劲纳入自己的轨道上来，使对方千钧之力化为乌有，在引进落空的基础上同时发劲，即化即打，从而取胜。

引化应做到不丢不顶，随着对彼劲变化的感知，自己无论前进、后退、向左、向右、向上、向下，无形无迹，舍己从人，沾连粘随，顺势随劲，使彼劲陷入落空失势的被动局面，然后用肩、肘、胯、膝、手、足或拿或打，任我发落。

（四）开合劲

开，是伸放开展、引化之意；合，是蓄、收、发放之意。开合，是太极拳中的一阴一阳、一刚一柔的概称。开与合是相辅相成的。如欲合，必先开，由开而蓄，再合及发放。推手中的“上下相合”“左右相合”“手足相合”“里合外摆”等都是对开合劲的应用。

陈鑫《陈氏太极拳图说》：“一开一合，有变有常。虚实兼到，忽见忽藏。健顺参半，引进精祥。或收或放，忽弛忽张。错综变化，欲抑先扬。”“宜轻则轻，斟酌无偏。”“开合虚实，即为拳经。”

（五）发放、弹抖劲

发放劲包括长劲和短劲，弹抖劲只是短劲，又称寸劲。它们都是在周身松沉蓄劲后产生的暴发劲。发放劲、弹抖劲均起于脚跟，发于腿，主宰于腰，达于四梢。发放、弹抖劲是经过长期练拳和推手实践练出来的一种灵活集中、运用自如的暴发劲。

发放、弹抖劲要点：“上下相随，至疾至迅，突如其来，觉如巨风，催倒跌翻，宜重则重，如虎下山。”

防守时若身体被对方控制，“胸腰折叠”这一方法能使自己从被动中化解；进攻时“闪战、惊弹”劲力的暴发，能在进攻中给对方以雷霆一击。